Rare plaquette ; exemplaire
de Fr. Coppée.

ALBERT MÉRAT

PRINTEMPS PASSÉ

POÈME PARISIEN

PARIS

LIBRAIRIE DE L'EAU-FORTE

2, RUE DE CHATEAUDUN, 2.

1876

PRINTEMPS PASSÉ

ALBERT MÉRAT

PRINTEMPS PASSÉ

POÈME PARISIEN

PARIS

LIBRAIRIE DE L'EAU-FORTE

2, RUE DE CHATEAUDUN, 2.

1876

PRINTEMPS PASSÉ

I

Un jour que nous étions dans l'île de Chatou,
Il faisait bleu. J'aimais tes lèvres. C'était tout.
C'étaient aussi des fleurs de bois et de prairie,
Dont l'odeur au parfum des feuilles se marie,
Si charmantes et tant qu'on eût dit la moisson ;
Surtout quand tu t'en vins cueillir, dans le frisson
Des herbes qui piquaient tes deux bras sous tes manches,
Pêle-mêle bleuets et marguerites blanches.
Et sauf ta pâleur fine et tes yeux de Paris,
Sauf ton rire partant avec de petits cris,
Sauf ta robe à volants, mignonne, on t'aurait prise
Pour une paysanne en jupe bleue ou grise,
Qui, pensive, se courbe et coupe le blé d'or.
Ta gerbe n'est plus là ; je la revois encor.

II

Le soir, dans ce Paris énorme et fourmillant,
Où l'on heurte, dans l'ombre ou sous le gaz brillant,
La sottise et le vice avec la platitude,
La foule enfin qui fait sentir la solitude,
J'avais ton petit bras appuyé sur le mien.
Toi, tu parlais toujours, moi, je ne disais rien ;
Et c'étaient, en suivant la route familière,
Des mots aussi nombreux que des cris de volière.
Ton babil me battait le front comme un oiseau,
Ma pensée, à ce poids, pliait comme un roseau.
C'était parfois gênant mais exquis tout de même,
Car, dans ce monde, il faut qu'on aime qui vous aime,
Et les lèvres s'ouvrant dans un sourire fin,
Et le gazouillement des paroles sans fin.

III

O mystère profond des brises de l'été,
O charme d'un regard de longs cils abrité !
Dans l'île de Croissy, sous les feuilles de saule,
Un soir que je sentais frissonner ton épaule
Près de mon cœur, ta main fine tenant ma main,
Nous fîmes sans parler un grand bout de chemin.
Puis ce fut tout à coup, ô muse familière,
Pardonne ! un piano, des pas... *la Grenouillère,*
Des dames en peignoir, des messieurs en tricot.
Te coiffant d'un bluet et d'un coquelicot,
Rieuse, comme on tire un ours de sa tanière
Pour le jeter d'un brusque effort à la lumière,
Tu me pris, et, le temps à peine d'y penser,
Tu me domptas, mignonne, et tu me fis danser.

IV

Mignonne, je voulais voir avec toi la mer.
Je rêvais un tableau charmant : l'espace amer,
Illimité, désert ou gai de quelque voile,
Et des larmes venaient mouiller tes yeux d'étoile ;
Et puis, jusqu'à la vague accourue et tremblant,
Tu touchais à l'écume et mouillais ton bras blanc ;
Et t'étonnant de tout, de rien, des coquillages,
Des navires creusant le flot en longs sillages,
Et des lourds goëlands passant comme un éclair,
Dont l'aile grise tourne en cercle au haut de l'air,
Tu riais ; et ta bouche enfantine que j'aime
Se serrait au frisson du spectacle suprême,
Et devant l'Océan oubliant Bougival,
Tu comprenais le rêve et même l'idéal.

V

Lorsque tu t'asseyais pour te faire un chapeau,
L'air inspiré, le sang courant à fleur de peau,
Coupant juste un ruban de velours ou de soie,
Il ne fallait rien dire et tu faisais ma joie.
Sérieuse, affairée et te piquant les doigts,
Ta devise semblait être : « Fais ce que dois. »
C'était avec tes fleurs d'innocentes querelles.
Tu disais : « Je voudrais des roses naturelles ; »
Et le juge, prié de parler franchement,
N'avait, en vérité, qu'à dire : C'est charmant.
Comme un auteur ravi des rimes qu'il enfante,
Tu courais l'essayer, heureuse et triomphante,
Et, revoyant l'ensemble ou corrigeant un pli,
Tu m'appelais : « Viens voir, est-ce qu'il est joli ? »

VI

Vous me disiez des mots lus dans votre journal.
L'un était neuf, tant mieux! mais l'autre était banal,
Tant pis! Vous en étiez très-bon juge vous-même.
J'y trouvais un plaisir plus modéré qu'extrême;
Mais comme vous avez, malgré tout, de l'esprit,
Je m'efforçais de faire alors l'homme qui rit.
Patient, j'écoutais, rêvant à quelque chose
De plus haut, ces erreurs de votre bouche rose.
Vos regards curieux comprennent la beauté;
Etant la grâce autant que la frivolité,
L'art même sérieux entrait dans votre tête.
Vous saviez assez bien ce que c'est qu'un poète,
Avec ses papillons, ses vagues fleurs de feu,
Et vous ne blessiez pas à l'aile l'oiseau bleu.

VII

Quand j'avais allumé ma lampe de travail,
Tu t'asseyais, ayant aussi ton attirail :
Des albums, ce qu'il faut pour dessiner; mon livre
Avait beau me tenir rêveur, il fallait suivre,
Bien que parfois j'en eusse à peine le dessein,
L'improvisation folle de ton dessin.
Et c'étaient des sujets sans nombre, une débauche
De profils esquissés du même côté gauche,
Faisant de l'œil avec des cils longs comme ça,
Des coiffures où tout un magasin passa;
En des mouvements vrais d'étranges jeunes filles,
A ne pas faire honneur du tout à leurs familles,
Mais dans un sentiment réel de la beauté
Et le goût délicat des toilettes d'été.

VIII

Abusant de tes goûts de gamin curieux,
Souvent je t'ai fait lire un livre sérieux,
De ceux dont une enfant comme toi se défie,
Et tu te résignais avec philosophie.
Lorsque le texte était moderne, c'était bien.
Par exemple, celui de mon Molière ancien
Te troublait par un mot que ne dit plus personne,
Et ce vieil u qui n'est voyelle ni consonne.
C'était plaisir de voir l'effort intelligent
De tes lèvres; parfois tu t'arrêtais, songeant.
A quelque terme étrange et d'antique orthographe,
On aurait dit ton cou pincé par une agrafe,
Mais, colorée au feu des vers enfin compris,
Ta lecture en avait, mignonne, plus de prix.

IX

« Prends garde à ce chemin pierreux, prends garde aux roches. »
C'est ainsi que, suivant les routes les plus proches,
Je veillais sur ta marche et je guidais tes pas.
Tu riais de l'obstacle et tu ne bronchais pas.
Les bouleaux frissonnant chantaient leur long cantique ;
On entendait se taire au loin la terre antique,
Et la grande forêt vibrant au moindre bruit,
Claire, faisait penser aux choses de la nuit.
Les bruyères en fleurs semblaient un manteau rose,
Et les rochers géants où le lézard se pose,
Pareils aux animaux antédiluviens,
Épouvantaient très-peu tes yeux parisiens.
On eût dit à te voir, souriante et si fine,
Au milieu du chaos farouche, une aubépine.

X

Les grands chênes, vois-tu, sont comme des aïeux.
Bien que leur front soit morne et bien qu'ils soient très-vieux,
Ils entendent. Il faut respecter leur silence.
Leur tête, que la brise incessante balance,
Est sévère et fait peur aux tout petits oiseaux;
Mais le soleil nous guette et tend ses blonds réseaux
Dans les feuilles. L'odeur du genévrier sombre
Nous conseille l'ivresse et nous invite à l'ombre.
Assieds-toi, nous pouvons ensemble regarder
Les hêtres au tronc fort que rien ne peut rider,
Ou l'insecte qui monte aux crosses des fougères.
Tes paroles auraient des grâces trop légères.
Ne parlons pas; laissons ainsi tomber le jour
Dans ce temple superbe, indulgent pour l'amour.

XI

Je n'ai pas oublié ce dîner de Poissy.
Le ciel brumeux s'était vers le soir éclairci.
Quelque merle attardé rasait l'eau d'un coup d'aile,
Et cinq Parisiens, dont toi, sous la tonnelle
Devisaient. La bouteille avait des airs malins.
Le vieux pont s'allongeait, nous cachant ses moulins.
Ton farouche voisin parlait de Robespierre ;
Toi, tu ne bâillais pas encor, mais ta paupière
Se fermait, et le ciel avait un doux regard.
Bien qu'il fît presque sombre, et bien qu'il fût très-tard,
On te vit te lever, courir, et puis descendre
A la berge, amener une barque, puis fendre,
Comme un cygne, le fleuve obscur et déjà noir
Dans la mélancolie inquiète du soir.

XII

Il pleut. Malgré la pluie, allons à la campagne.
Si l'azur est absent, l'amour nous accompagne.
Il fait un mauvais temps presque surnaturel,
Mignonne, ton regard remplacera le ciel.
Il pleut; on ne voit plus les côteaux ni la rive,
  Mais le son de ta voix jusqu'à mon cœur arrive.
Serre-toi près de moi; regarde ces passants,
Ce sont des promeneurs, des êtres innocents;
N'est-ce pas qu'ils sont laids sous leurs habits de fête?
Il pleut! rapproche encor ta chère et douce tête,
  Le chemin n'est pas sec, le fleuve n'est pas bleu.
Dis-moi, mais en parlant tout bas : « je t'aime un peu, »
Et vois, près des buissons où le merle s'ennuie,
Ce qu'on met de soleil dans un long jour de pluie.

XIII

Je n'irai plus aux bois où nous allions ensemble,
De crainte de n'y plus trouver rien qui ressemble
A ce qui me charmait quand, mes yeux dans tes yeux,
J'y voyais luire un ciel caressant et joyeux.
Nous étions seuls malgré les passants ridicules.
Je ne saurais plus voir les mêmes crépuscules.
Ni l'île de Croissy, ni les bois de Meudon,
Dont quelque dieu propice et jeune nous fit don,
Ne me parleraient plus, à présent que ta bouche
Sourit ailleurs. Le soir me deviendrait farouche.
Nos molles nuits d'été, pleines de diamants,
Où vont, en se parlant dans l'ombre, les amants,
A présent que ta voix ne m'est plus coutumière,
Ne me verseraient plus leur tranquille lumière.

XIV

Tandis que je serai quelque part en Hollande,
Vous verrez les pêcheurs, et la mer et la lande,
Le large flux qui monte ou le flot descendant,
Vers qui je devais être avec vous cependant.
Pensez à moi, tandis que mon esprit fidèle,
Pensant à vous toujours, dira : « se souvient-elle ? »
Si vous voyez passer un bateau vers le nord,
Dites-lui qu'il m'apporte au loin dans quelque port
Un souvenir qu'on jette à la voile qui passe.

Grâce au ciel, le cœur fait ce qu'il veut de l'espace,
Et, bien que séparés par un hasard moqueur,
J'entends vos lèvres rire et battre votre cœur.
Le temps n'est rien, si vous voulez, ni la distance.
L'amour brisé de force en devient plus intense.

Juillet 1875.